Norwegen

Auge in Auge mit Orcas

Arctic Wildlife

Ulf und Petra König

www.tredition.de

© 2015, Ulf König
Umschlag, Illustration: Ulf König

Verlag: tredition GmbH, Hamburg

ISBN
Paperback   978-3-7323-4593-9
Hardcover   978-3-7323-4594-6
e-Book   978-3-7323-4594-6

Printed in Germany

Danke

*Mein Dank gilt der Filmgesellschaft „Blue Planet Film"
aus Hamburg.*

*Ohne Blue Planet Film, und die beispiellose Entwicklung
der Torpedocam durch „Blue Planet Film", wären wir
wahrscheinlich nicht ins Nordpolarmeer gereist, um diese
einzigartigen Eindrücke zu sammeln. Obwohl wir nur einen
winzigen Teil zum Konzept beigetragen haben, wurde uns
die Reise ermöglicht. Dafür dieser Dank....*

Norwegen

Auge in Auge mit Orcas Arctic Wildlife

Von Petra und Ulf König

Die Namen im Text sind z.T. für die Veröffentlichung geändert

Offersoy: **Der kleine, nördlich des Polarkreises gelegene Ort, ist ein Geheimtipp für die kleine Gemeinschaft der whale-whatcher. Alljährlich, wenn die Tage kürzer werden und der eisige Polarwind von den über tausend Meter hohen Berggipfeln in die fast ebenso tiefen Fjorde fällt, vereinigen sich vor Offersoy große Orcagruppen um gemeinsam zu jagen. Sie folgen den riesigen Heringsschwärmen aus dem Atlantik, durch den Vestfjord, an Offersoy vorbei in den Tysfjord. Zur selben Zeit ziehen dort auch Finwalgruppen ihre Kreise durch das kalte Wasser der bis zu 700 Meter tiefen Fjorde. Sie können im Gegensatz zu den sechs bis zehn Meter langen Orcas, bis zu fünfundzwanzig Meter lang werden.**

Die Anreise von Deutschland nach Offersoy erfolgt entlang der schwedischen Westküste, über den Polarkreis und dann nach links Richtung Narvik. Von dort aus sind es noch 110 Kilometer auf der E10, der Küste folgend, bis Offersoy. Die Anreise entlang der norwegischen Westküste ist zwar interessanter, aufgrund der großen Umwege um die Fjorde, über die Berge und durch die zum Teil bei starkem Schneefall gesperrten Pässe, aber wesentlich länger. Wer Offersoy schnell erreichen möchte kann mit einem Zwischenstopp in Oslo bis Narvik/Eveness fliegen und sich von dort mit einem PKW abholen lassen.

In Offersoy erfolgt die Unterbringung in liebevoll eingerichteten Rorbus. Dabei handelt es sich um Pfahlbauten, die direkt am, - oder besser im -, Wasser stehen. Sie bieten bis zu acht Personen in drei Schlafräumen ausreichend Platz zum Schlafen, Wohnen und Kochen. Die etwas kleineren, aber auch billigeren Hütten können fünf Personen aufnehmen. Neben den Rorbus und Hütten liegt ein gemütliches Motel mit fünf Ein,- Zwei- und Dreibettzim-

mern. *Während Offersoy im Winter fast ausschließlich von whale-whatchern besucht wird, ist es während der Sommermonate ein Paradies für Angler die nicht nur Fische fangen, sondern auch im Sommer immer wieder Wale beobachten können.*

Sowohl die whale-whatcher als auch die Angler, können in Offersoy Boote, und andere Ausrüstungsgegenstände mieten, die sie zur Ausübung ihres Sportes benötigen.

Möglichkeiten in Offersoy: Bootstouren, Radtouren, Campen, Wandern, Erkunden der Lofoten, Tauchen, Angeln, whale-watching und mehr. Mieträder und Boote sind im Feriencenter vorhanden. Eine Vorbestellung ist empfehlenswert.

Weitere Informationen zum Feriencenter gibt es auf den Internetseiten:
http://www.offersoy.no/
(auch in Deutsch)
http://underwaterfilm.de/
(ein Norwegenexperte, insbesondere für den Bereich um Offersoy) http://www.norway-team.com/
(Organisator von Tauchfahrten und fürs whalewhatching)
http://www.nordische-abenteuer.de/offersoyaktiv.php
Ein guter Reisebericht mit verschiedeneren Unternehmungen)
http://www.ulfkoenig.de
(Autor dieses Berichtes, Ulf König, Im Rönnefeld 5, 21706 Drochtersen, 04775 8164, ulfkoenig@web.de

Tagebuch

Vorbereitung:

Wie bei jeder Expedition dauerte die Vorbereitung und Planung wesentlich länger als die Reise, insbesondere da wir mit einer vollkommen neuen Ausrüstung arbeiten sollten.

Obwohl wir schon bei unserer letzten Expedition nach Offersoy, ein weltweit einmaliges Kamerasystem eingesetzt hatten um einzigartige Filme über die Orcas zu drehen, kamen 2004 zusätzlich die für Naturfilmer üblichen Poolcams zum Einsatz. Die Aufnahmen mit dem neuen System waren jedoch so überragend, dass unser Auftraggeber beschloss auch in diesem Jahr eine Reise in die Arktis zu finanzieren. Diesmal sollten im Gegensatz zu 2004 keine fünf Teams mit verschiedenen Kamerasystemen reisen sondern nur ein Team bestehend aus Jan, Petra und mir mit dem nochmals verbesserten sehr teuren, neuen Kamerasystem.

September:

Wir waren froh, dass wir für diese Reise ausgewählt worden waren, und freuten uns auf das bevorstehende Abenteuer....

Es waren noch sechs Wochen bis zum Abflug als der Auftraggeber mit einer neuen Kamera vor meiner Tür steht und sagt: „Hallo, hier ist das Herzstück für eure Reise. Eine ganz neue Kamera. Ich habe sie gerade gekauft. Bis wann kannst Du sie für den Einbau in das neue System umbauen?"
Ich staunte als die neue Kamera vor mir lag. Die Neuentwicklung schien perfekt zu sein und ich fragte mich, welche Aufgabe auf mich zukam.

Es war eine Herausforderung die neue, hochkomplexe Aufnahmetechnik an das neue, auf den Erfahrungen des letzten Jahres basierendes, Gehäuse anzupassen. Ein paar Kabel mussten

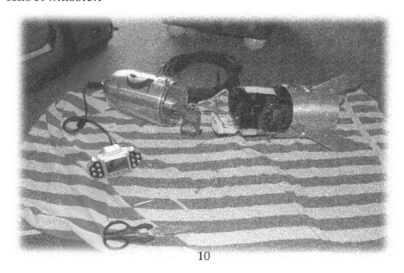

an den Adapter angelötet, und getestet werden.

Es dauerte nur wenige Tage bis die Funktionen der Adapter –zumindest ohne das Gehäuse –, hundertprozentig den Erwartungen entsprachen.

Durch den Umbau hatte das neue Modell nicht mehr so viele empfindliche Teile, die beim Arbeiten am und vor allem im Wasser versagen konnten, aber sie war größer als das alte. Schon beim Löten bemerkte ich, dass die neue Kamera auf keinen Fall in das alte Gehäuse passen konnte und dass wir auf jeden Fall noch vor dem Abflug einen umfassenden Stabilitätstest unter Wasser durchführen mussten.

Obwohl sechs Wochen eine relativ kurze Zeitspanne waren, um eventuell auftretende Fehler in der Konstruktion einer Kamera-Gehäuse-Kombination zu beseitigen musst der Test warten, bis das Gehäuse von dem dafür beauftragten Spezialisten fertig gestellt worden war.

Während wir der Fertigstellung des Gehäuses entgegenfieberten liefen die Vorbereitungen für die Expedition auf Hochtouren. Die Flugtickets Hamburg-Oslo und Oslo-Narvik wurden gebucht, die Unterkunft bestellt und Checklisten für die Ausrüstung erarbeitet. Immer wieder holten wir die Wetterprognosen für den Zeitraum unseres Aufenthaltes ein und verbesserten die Adapter ein weiteres Mal und wir warteten. Wir warteten auf das Gehäuse...

Ende September

Der große Finmaster, war ein etwas mehr als sieben Meter langes, sehr schnelles Boot, den wir im vergangenen Jahr nutzen konnten. Er war leider schon an ein anderes Team

verchartert und wir mussten uns ein anderes Boot suchen.
Der Finnmaster hatte als einziges Boot vor Ort eine so
große Reichweite, dass die Wale schon ab der Insel Mola
und vor allem bis weit in den Tysfjord verfolgt werden
konnten. Wir mussten uns bei der Wahl unseres Bootes zwischen einem kleinen, teuren, geschlossenen Finnmaster mit
eingeschränkter Reichweite und einer kleinen Nussschale
mit der Bezeichnung Nummer 15 entscheiden. Bei der
Nummer 15 handelte es sich um ein offenes, wendiges, sehr
schnelles Fahrzeug mit relativ geringer Seegängigkeit und
beschränkter Reichweite. Da wir die Reichweite der Nussschale mit vielen Zusatztanks vergrößern konnten, ent-
schieden wir uns für die Nummer 15 und hofften mit den
Zusatztanks bis Mola vordringen zu können.

22.Oktober

Endlich war es da. Silbrig funkelnd lag das neue Kame-ragehäuse vor uns und wartete auf den bevorstehen Test.

Um es unter realen Bedingungen testen zu können benötigten wir eine ausreichend lange Wasserstrecke mit guter Sichtweite und ein schnelles Boot. Die optimalen Bedingungen hierfür bot der Kreidesee in Hemmoor. In der Hoffnung, dass schon der erste Test erfolgreich verlaufen würde fuhren wir zum See. Um kurz nach zwölf stand die Sonne hoch über dem See und das Licht war für einen Test optimal. Wir konnten mit der Testfahrt zu beginnen. Immer wieder fuhren wir mit unterschiedlichen Geschwindigkeiten durch das kristallklare Wasser des Kreidesees. Immer wieder mussten wir stoppen um die Kamera auszubauen um das Gehäuse nachzutrimmen und immer wieder begann die Kamera unter Wasser zu schlingern. Es dauerte lange bis wir uns dazu entschlossen den

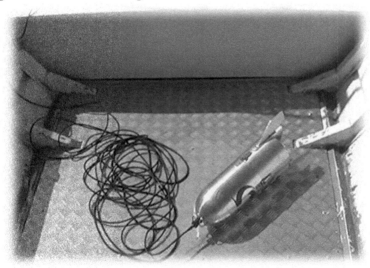

Test abzubrechen und die Gewichtsverteilung in dem Gehäuse ändern zu lassen. Für solche Arbeiten waren wir nicht ausgerüstet. Die Kamera musste wieder nach Hamburg, um dort von den Spezialisten, auf der Drehbank nachgearbeitet zu werden.
Mit gemischten Gefühlen verschoben wir weitere Testfahrten auf Freitag, den Tag vor der Abreise und hofften dass dann alles funktionieren würde.

26. Oktober

Beim Ausdrehen des Gehäuses fiel unseren Auftraggeber auf, dass die Kabel im inneren des Gehäuses kürzer sein konnten und brachte mir den Kabelbaum mit der Platine vorbei. Die langen Kabel hatten den Nachteil, dass sie sich beim Einbau verheddern und dann abreißen konnten. Ohne am Gehäuse Maß nehmen zu können kürzte ich die Kabel soweit, dass sie eigentlich optimal in das Gehäuse passen müssten. Da es jedoch ohne genaue Messungen vornehmen zu können, ein Risiko darstellte die Kabel zu

15

kürzen, beschloss ich eine Lötstation mit nach Norwegen zu nehmen um im Notfall die Adapter neu anfertigen zu können. Ein Test war frühestens, wenn überhaupt, einen Tag vor der Abreise möglich.

28. Oktober

Wir begannen um vierzehn Uhr mit dem letzten Test in Deutschland. Behutsam glitt das silbern glänzende Gehäuse der Kamera in das kristallklare Wasser des Kreidesees. Als es sehr langsam zu sinken begann, drehte ich den Gashebel behutsam nach links woraufhin das Boot erst langsam, dann immer schneller über die Wasseroberfläche zu gleiten begann. Gespannt warteten wir auf die ersten Bilder. Unserer Freude war groß, als wir erkannten, dass die Kamera gerade im Wasser lag und sich trotz stetig ändernder Geschwindigkeit nicht drehte. Leider währte die Freude nur kurz. Durch, da sie durch das fehlende Gewicht leicht war und während der ganzen Testfahrten an der Wasseroberfläche schwamm. Da wir keine Zeit für weitere Testfahrten hatten, beschlossen wir mit dem Gehäuse, so wie es war, nach Norwegen zu reisen und es vor Ort weiter zu trimmen. Insbesondere, weil es sich im Kreidesee um Süßwasser handelte, und die Kamera im Nordpolarmeer im Salzwasser eingesetzt werden sollte. Da der Auftrieb im Salzwasser größer war als im Süßwasser, ergab die Trimmung vor Ort einen Sinn. Wenn es schon am Kreidesee funktioniert hätte wäre es auf jeden Fall besser für die Nerven gewesen.
Obwohl das Kamerasystem beim letzten Test nicht wunschgemäß absackte und das Gehäuse wie ein funkelnd, silberner Blinker wirkte, mussten wir am nächsten Tag

abreisen. Nur in den nächsten zwei Wochen waren die Orcas bei ausreichend guten Lichtverhältnissen in Offersoy. Eine Verschiebung der Reise hätte den Verlust eines ganzen Jahres bedeutet.

29. Oktober

Endlich war er da, der Tag der Abreise. Mit dem Zug fuhren wir in aller Frühe vom Himmelpfortener Bahnhof ab um uns kurz vor Neun Uhr mit dem dritten Expeditionsteilnehmer am „Hamburg Airport" zu treffen.
Nicht nur Jan, sondern auch Thomas warteten am Airport. Thomas hatte noch eine Ladung Blei dabei, die wir im Notfall am Gehäuse festkleben sollten.

Die erste Hürde erlebten wir beim Einchecken. Am „Business check in" saß uns eine Dame gegenüber die sich offensichtlich durch unsere Anwesenheit oder aber durch die großen Gepäckstücke, gestört fühlte. Es war sicherlich von uns nicht besonders diplomatisch den schwersten der fünf Koffer zuerst auf das Band zu legen da er alleine schon über dreißig Kilo wog und die Dame zu weiteren Kommentaren über das vermutliche Gesamtgewicht unserer Ausrüstung anregte. Nachdem sie die Nummer von Jans Vielfliegerkarte zum sechsten Mal eingegeben hatte fing sie an den Vorgang zu kommentieren. Als die Schlange der wartenden Fluggäste hinter uns von zwei auf vierzehn angewachsen war und unser Gegenüber die Nummer der Karte bereits auswendig eingeben konnte, gelang es ihr uns einzuchecken.
Eine weitere Hürde der Reise erlebten wir beim Durchleuchten der Gepäckstücke. Schnorchel, Flossen und an-

dere Ausrüstungsgegenstände waren offensichtlich für Flugreisende nicht üblich und mussten einzeln auf dem Röntgenschirm erklärt werden, aber wir kamen durch.

Während wir unser Handgepäck nahmen sahen wir ein letztes Mal zum Fluggepäck hinüber, das auf einem schwarzen Band in der Ferne verschwand. Erst sehr viel später merkten wir, dass wir zu wenig Gepäckzettel mitbekommen hatten.

Aber nicht nur das Gepäck sollte nach Offersoy transportiert werden, wir sollten ja auch noch mit. Da die Torpedokamera nicht nur sehr teuer war, sondern auch ein Unikat darstellte, das nicht so einfach ersetzt werden konnte, hatte Jan beschlossen es im Handgepäck zu transportieren. Das war zwar sinnvoll, aber einen Torpedo im Flugzeug?

An der Schleuse warteten wir nicht auf eine intensive Befragung durch den Grenzschutz, sondern gingen direkt auf das Personal zu und zeigten den Torpedo. Wir erklärten, dass er ganz harmlos sei und nicht im normalen Gepäck transportiert werden konnte. Der Beamte sah sich die „Fracht" fragend an und holte die Kollegen. Nach einer kurzen Beratungszeit wurde uns gestattet den Torpedo mit an Bord zu nehmen, wenn wir ihn kurz öffnen würden. Es sollte geprüft werden, ob der Torpedo wirklich leer war und zur Kamera passte, die sich auch im Handgepäck befand.

Es kam, wie es kommen musste. Durch die Temperaturänderung auf dem Transport der Kamera, hatte sich die Luft im inneren des Gehäuses zusammen gezogen. Es war dicht! So sollte es eigentlich auch sein, aber es gelang *nicht, das Gehäuse zu öffnen. Werkzeuge konnten nicht eingesetzt werden, um das Gehäuse nicht zu schädigen, also wurde wieder diskutiert.*

Kurze Zeit später kam ein Grenzschutzbeamter mit einem „Sprengstoffspühr-Rüssel", und suchte das komplette Gehäuse nach Sprengstoffspuren ab. Als er nicht fand, konnten wir „ausnahmsweise" den Torpedo mit an Bord nehmen.

Mit einer viertel Stunde Verspätung starteten wir in Hamburg um eine Stunde und zwanzig Minuten später in Oslo zu landen. Ob es ein schlechtes Omen war, dass die Leiterin einer Reisegruppe, die im gleich Flugzeug nach Oslo flog während des ganzen Fluges redete und in Oslo über einen mitten auf dem Gang liegenden Schrubber stolperte wussten wir nicht, aber unser Pech hielt an.

Kurze Zeit später standen wir am Gepäckband und warteten auf unsere Gepäckstücke, die nacheinander auf dem Band erschienen. Vier der fünf Teile hatten wir bereits auf dem Wagen verstaut als das Gepäckband mit einem Ruck anhielt und der Auslass von einer Klappe versperrt wurde.

Sofort begannen wir damit den betreffenden „Gepäckabschnitt" zu suchen und erkannten schnell warum die Dame in Hamburg so verwirrt geguckt hatte, als das Gepäck in Hamburg auf dem Band verschwunden war. Ein Gepäckabschnitt fehlte und die fehlende Tasche lag vermutlich herrenlos und Abschnittslos in Hamburg.

Um zu klären wie wir an unser Gepäckstück kommen können gingen wir zum SAS-Schalter. Eine sehr freundliche Mitarbeiterin der Fluggesellschaft versuchte uns sofort zu helfen und bestärkte uns in der Vermutung, dass das Gepäck noch in Hamburg liegen würde da dort nur

vier anstelle von fünf Gepäckstücken eingecheckt worden waren. Das bestätigte unseren Eindruck von der Überforderung der Hamburger Angestellten. Die SAS-Mitarbeiterin sicherte uns zu, dass sie alles Mögliche unternehmen würde um uns das fehlende Gepäck auf Kosten der Fluggesellschaft, nach Offersoy zuzustellen.
Zwei Stunden später starteten wir mit dem Flieger in Richtung Narvik/Eveness wo uns Arnfin erwartete. Arnfin war unsere Kontaktperson im Feriencenter Offersoy.

Nach einer freundlichen Begrüßung fuhren wir mit seinem PKW die 110 Kilometer bis Offersoy. Da wir nicht wussten, ob unser Verpflegungstransport schon angekommen war, beschlossen wir in Loedingen anzuhalten und die Verpflegung für einen Tag einzukaufen. Die Verpflegung sollte von Tauchern mitgebracht werden, die mit einem Kleinbus aus Deutschland nach Offersoy fuhren, um dort zur selben Zeit wie wir die Wale zu beobachten.
Die Fahrt nach Offersoy dauerte fast zwei Stunden.
Als wir dort ankamen mussten wir bestürzt feststellen, dass unser Verpflegungstransport noch nicht angekommen war, ein heftiger Sturm tobte und in der vermissten Tasche unter anderem unsere warmen Winterstiefel lagen. Konnte es noch schlimmer kommen?

30. Oktober
Um sieben Uhr morgens wurden wir vom tosenden Sturm geweckt. Immer wieder trafen starke Windböen gegen die Holzwände der

Hütte und ließen sie im Rhythmus des auf und abschwellenden Windes erbeben. Durch das Fenster sah ich unzählige Wolken, die durch den langsam heller werdenden Himmel gepeitscht wurden und nur darauf zu warten schienen, ihren Inhalt prasselnd auf die Erde zu entleeren. Trotzdem beschlossen wir nach dem Frühstück raus zufahren. Wir wollten die Zeit in der wir nicht filmen konnten nutzen, um die Kamera im Schutz der vorgelagerten Inseln zu testen. Auf dem Weg zum Boot trafen wir Arnfin, der die in den Gewässern notwendigen, Überlebensanzüge für uns bereitgelegt hatte.

Ausgerüstet mit den Anzügen begannen wir die für eine Testfahrt notwendige Ausrüstung zum Boot zu tragen.

Während wir die Ausrüstung in dem kleinen, wackeligen Boot verstauten, schweifte mein Blick über den Hafen bis zu den großen Felsen vor der Ausfahrt. Riesige Wellen brandeten im tosenden Sturm gegen die Felsen. Immer wieder wurden Gischtfahnen vom Wind erfasst und weit über die Felsen bis in den Hafen geweht.

Direkt vor der Hafenausfahrt hatte sich eine stehende Welle gebildet, die uns drohend die Kräfte der Natur vor Augen führte. Es dauerte nur wenige Minuten bis die Ausrüstung im Boot verstaut war und wir den Motor starten konnten um durch die immer größer werdenden Wellen hindurch zu den kleinen, Schutz bietenden Inseln zu fahren. In gemäßigter Fahrt erreichten wir die Hafenausfahrt und versuchten genau auf die Prigge zuzufah-

ren, die uns den Weg in geschützte Gebiete wies.
Der Außenbordmotor war kräftig genug um uns durch die aufgewühlte See zu schieben und ein Arbeiten mit der Kamera zu ermöglichen.

Erst als die Wellen hinter den Inseln kleiner wurden und
das heulen des Windes zu einem säuseln verkam wagten
wir es die Kamera vorsichtig ins Wasser zu lassen. Wie
schon im Kreidesee begannen wir mit der Trimmung der
Kamera indem wir die Heckflossen verstellten und mit
unterschiedlichen Geschwindigkeiten fuhren. Bei der Na-
vigation mussten wir jedoch immer wieder kleinen und
großen Felsen ausweichen die, insbesondere in diesem
Seegebiet, unzählige Untiefen bildeten. Zusätzlich zu den
kaum sichtbaren Untiefen gab es hier auf engstem Raum
über 400 größere und kleinere Felsinseln die den Möwen
und Seeadlern als willkommene Ruhestätte dienten. Trotz

vieler verschiedenen Einstellungen der Heckflossen gelang es nicht, die Kamera weit genug und vor allem
stabil, abtauchen zu lassen und wir beschlossen erneut in
den Hafen einzulaufen um Gewichte in das Gehäuse zu
kleben.
Nachdem die Kamera eingeholt worden ist, fuhren wir
durch die noch größer gewordenen Wellen zurück in den
sicheren Hafen.
Da die Tage hier nur kurz waren beeilten wir uns damit
die Kamera wieder funktionstüchtig zu machen um sie
erneut zu testen.

Wir mussten insgesamt dreimal in den Hafen zurück um
die Trimmung zu ändern bis wir um 15.00 Uhr, beim Son-
nenuntergang, ein optimales Ergebnis für die Schwimmla-

ge der Kamera erhielten. Glücklich aber müde schlossen wir die Testreihe des ersten Tages ab um dann in der Hütte die Ausrüstungsgegenstände zu spülen, Abendbrot zu essen und dann den Tag ausklingen zu lassen.

Wir saßen gerade beim Abendessen zusammen da klingelte es an der Tür. Wir waren sehr überrascht als wir sahen wer uns besucht. Ein Bote der SAS hatte die in Hamburg verlorene Tasche in der Hand. Endlich hatten wir unsere warmen Stiefel und brauchen nicht weiter mit Neoprene-Naßtauchfüßlingen an Bord zu arbeiten. Die freundliche Dame vom SAS-Schalter in Oslo war offensichtlich nicht nur bemüht sondern auch fähig. Jetzt konnte die Arbeit unter optimalen Bedingungen weitergehen, - wenn das Wetter mitspielte.

Bevor wir in die Kojen schlüpften reden wir noch bis spät in die Nacht.
Wir reden über die Erlebnisse vom letzten Jahr. Von Orcas, die direkt vor uns schliefen, aufwachten, wie dressiert zu spielen begannen, in den Wellen surften und zum Abschluss eine gigantische Jagd veranstalteten. Es waren mehrere große Gruppen die damals vor uns lagen.

Wir konnten nur hoffen, dass wir in diesem Jahr genauso
ein Glück hätten wie im Jahr zuvor.

Wir redeten von den riesigen Finnwalen, die vor uns auf-
tauchten und uns ihren Blas ins Gesicht bliesen um dann
eine Zeitlang unsere Begleiter zu sein.

Wir redeten von den Polarlichtern, die genau zu Petras
Geburtstag über den Himmel liefen und die Landschaft in
grünlich fluoreszierendes Licht tauchen und

wir redeten von dem gesunkenen Boot. Es war ein kleiner
Finnmaster, der bei Sturm gesunken, direkt in unserem
Hafen lag. In einer abenteuerlichen, nächtlichen Ber-
gungsaktion schafften wir es während des starken Stur-
mes, das Boot aus den Tiefen zu bergen und mittels
Unimog, Bagger und Seilwinde sicher an Land zu bringen.

Wir redeten darüber, wie die Ereignisse vom letzten Jahr noch zu steigern sein könnten und waren gespannt was diese Expedition für Überraschungen für uns bereithalten würde.

31. Oktober

Das erste was mir nach dem Aufwachen auffiel war die Ruhe. Kein Sturm rüttelte an der Hütte und kein Regen prasselte auf das Dach. Obwohl der Wetterbericht den Sturm gemeldet hatte, wehte nur ein starker Wind, aber der ließ das filmen zu.

Es schien ein schöner, ruhiger Tag zu werden, der sich vorzüglich zum Filmen eignete. Beim Ausrüsten unseres Bootes trafen wir eine zweite Gruppe von whale-whatchern, die genau wie wir das gute Wetter nutzen wollten um Wale zu filmen.

Genau rechtzeitig beim Ablegen kam plötzlich und uner-
wartet eine starke Briese auf und baute innerhalb von
Minuten eine hohe Welle vor der Hafenausfahrt auf. Wir
beschlossen dem großen Boot, Typ Finmaster, zu folgen
und rasten in halsbrecherischer Fahrt durch die ständig
größer werdenden Wellen an der Küste entlang. Rechts
und links verschwanden kleine

und größere Felsblöcke sowie viele winzige Inseln hinter
unserem Boot und wir mussten uns gut festhalten um
nicht von einer der vielen über das Boot spritzenden Wellen, über Bord gespült zu werden. Nach über einer Stun-

de Fahrt wurden die Wellen zu groß für unsere Nussschale und wir drehten in den Wind um durch die Untiefen hindurch in den Vestfjord zu fahren. Von dort aus
wollten wir mit den Wellen zurück nach Offersoy um weiter in den fast immer ruhigen Kansterfjord zu fahren. Der
Weg in den Vestfjord wurde immer beschwerlicher und
die Wellen so hoch, dass wir es trotz Vollgas kaum schaf-
fen die Wellen zu überwinden. Plötzlich sahen wir wie
aus dem Nichts, eine riesige Welle auf uns zukommen
und ich beschleunigte das Boot auf die Maximalge-
schwindigkeit um über die Welle wegzukommen. Es gelang uns nur knapp den Wellenkamm zu erreichen und
wir merken beim Sturz in das Wellental, dass das Boot

unter uns verschwand. Wir hatten für eine kurze Zeit das
Gefühl ins Nichts zu fallen bis uns der harte Sturz auf das
Deck eines Besseren belehrte. Nach der unsanften Lan-
dung waren wir froh, dass das Boot weiterhin auf Süd-

kurs war und die nächsten Wellen weiterhin von vorn kamen. Da die Wellen immer höher wurden wendete ich im nächsten Wellental um dann langsam, durch die unzähligen Untiefen hindurch, zu den Lofoten zu fahren um dann langsam mit besetztem Ausguck, im Windschatten der Felsen weiterzufahren.

Vorsichtig tasteten wir uns ans Ufer und stießen fast dreißig Minuten später auf die Barken eines sicheren Weges und konnten unsere Fahrt in Richtung Offesoy mit hoher Geschwindigkeit fortsetzen. Wir passieren Offersoy kurz vor Mittag und fuhren weiter in Richtung Kansterfjord.

Plötzlich sahen wir sie springen.

Weit entfernt, in Richtung Tysfjord sprangen die Orcas wie spielende Kinder, in den Wellen. Wir drehten sofort bei um näher an die Orcas heranzukommen. Wir wollten die Zugrichtung und vor allem die Anzahl der Tiere bestimmen um die nächste Ausfahrt besser planen zu können. Je weiter wir nach Südwesten in die Richtung der spielenden Orcas vorstießen umso größer und unberechenbarer wurden die zum Teil quer laufenden Wellen. Wir versuchten unser Bestes aber die Wellen wurden so hoch, dass wir wieder wenden und in Richtung Kansterfjord abdrehen mussten um nach weiteren Orca-Gruppen zu suchen.

Es brachte uns Spaß auf den größer werdenden Wellen

nach Norden zu surfen. Zumindest so lange, bis wir den Kansterfjord erreichen.

Genau in der Fjord Einfahrt wurden die Wellen von den steil abfallenden Felsen reflektiert und überlagerten sich mit den Wellen auf denen wir surften. Um einigermaßen ruhig in den Fjord zu kommen fuhren wir langsam in Ufernähe durch die Einfahrt. Nur langsam kamen wir vorwärts aber erreichen, wenn auch total durchnässt, den schützenden Fjord. Obwohl wir den ganzen Fjord abfuhren, konnten wir keine Wale finden und begannen fast eine Stunde später den strapaziösen Rückweg.

Zurück durch die Kreuzsee an der Fjordeinfahrt erreichten wir die offene See. Die Wellen waren inzwischen so hoch, dass sie uns überragten. Vom Sturm gepeitscht rasten die mit großen Gischtkronen verzierten Wellen auf uns zu und begannen zum Teil direkt unter unserer Nussschale zu brechen. Wir waren froh über die Überlebensanzüge die wir trugen, da sie uns, trotz der Nässe im Inneren, einigermaßen warm hielten und vor allen ein großes Maß an Sicherheit gaben.

Zwei Stunden später erreichten wir Offersoy und beschlossen anzulegen und den Rest des Tages in der warmen Hütte zu verbringen.

Wir saßen gerade in der Hütte als das Telefon klingelte. Die Gruppe mit dem großen Finmaster hatte geangelt und so viele Fische gefangen, dass sie unmöglich alle essen konnten. So kamen wir an diesem Tag noch zu einem köstlichen Fischgericht.

Wir hofften auf besseres Wetter...

1. November

Zunächst weit in der Ferne, dann immer näher hörte ich den nervtötenden Weckton des Handys. Zunächst langsam, dann immer schneller begann ich meine Umgebung wahrzunehmen ohne genau zu erkennen was an diesem Morgen nicht stimmte, aber irgendetwas war anders. Es dauerte Minuten ehe ich bemerkte wie ungewöhnlich still es draußen war. Zum ersten Mal während unserer Anwesenheit hörte ich keinen Wind, der an der Hütte zerrte und eine Ausfahrt unmöglich machte. Obwohl der Wetterbericht einen starken Sturm vorhergesagt hatte, zogen die wenigen Wolken langsam am Himmel entlang und verhießen einen ruhigen Tag. Voller Vorfreude auf einen Tag zwischen den Orcas Frühstückten wir ausgiebig aber zügig und verluden die Ausrüstung in das kleine Boot. Um eine möglichst große

Reichweite zu haben, hatte Arnfin vier große Bootstanks und zwei große Reservekanister an Bord gebracht. Als ich

den Zündschlüssel ins Schlüsselloch steckte, dachte ich noch: Gut dass wir bei einer solchen Fracht keinen Raucher an Bord haben...

Ich brauchte den Zündschlüssel nur einmal zu drehen bis der Motor laut aufheulend anzeigte, dass er für einen Ritt durch über den Vestfjord bis in den Tysfjord und zurück bereit war.

Deutlich konnte ich den Kühlwasserstrahl des Außenborders sehen als Petra die Leinen löste und den Weg freigab der uns mitten zwischen die Orcas führen sollte. Zunächst fuhren wir sehr langsam durch die unzähligen Untiefen, die uns den Weg in das freie Wasser versperrten. Bis wir einen kleinen Leuchtturm passierten hielt Petra den Ausguck besetzt um mich rechtzeitig zu warnen falls wir die schmale Fahrrinne verlassen und den scharfkantigen Felsen zu nahe kommen sollten. Zu groß war die Gefahr, dass wir auflaufen und den Rumpf des Bootes aufschlitzen könnten. Fünf Minuten später passierten wir den Leuchtturm und erreichten das bis zu siebenhundert Meter tiefe Wasser des Fjords. Als die Tiefenangaben des Fischfinders verrückte Werte anzeigten wussten wir, dass das Wasser zu tief für das Gerät war und ich legte den Fahrt-Hebel auf Vollgas. Mit über vierzig Knoten schossen wir über das glatte, bei dieser Geschwindigkeit brettharte, Wasser. Nach einer dreißigminütigen Vollgasfahrt verringerte ich die Geschwindigkeit damit wir nach Walen Ausschau halten konnten. Antriebslos trieben wir einige Minuten zwischen den Fjorden und suchten die Küsten nach dem Blas der Wale ab.

*Obwohl wir eine fantastische Sichtweite hatten und alle
umgebenden Fjorde sowie die über tausend Meter hohen Gipfel der Gebirgsketten erkennen konnten, sahen
wir keinen Blas. Wir konnten uns kaum von dem gewaltigen Anblick der zum Teil durch die wenigen Wolken
ragenden Gipfel losreißen, besannen uns jedoch wenig
später auf unsere eigentliche Aufgabe. Nur Minuten später fuhren wir wieder mit Höchstgeschwindigkeit dem
sagenhaften Tysfjord entgegen.*

Nach einer Stunde Fahrt erreichten wir einen kleinen, eher unscheinbar wirkenden Leuchtturm am Eingang des Fjordes. Obwohl wir keine Wale sahen und es langsam welliger wurde, beschlossen wir die Kamera einem letzten Test zu unterziehen bevor wir die Küstenlinie entlang in Richtung Atlantik fahren wollten. Routiniert ließen wir das silbern glänzende Kameragehäuse mit der teuren Ausrüstung ins Wasser geleiten. Wir sahen es hinter unserem Boot verschwinden und konnten in dem Monitor an Bord die farbigen Bilder bewundern.

Nach einer ausgiebigen Testfahrt bei der wir immer wieder die Geschwindigkeit variierten um die Stabilität der Kamera zu testen zogen wir sie wieder an Bord und begannen mit der Fahrt an der Küste entlang. Es dauerte nur wenige Minuten bis wir in einer kleinen Bucht neben dem Tysfjord viele kleinere und größere Fischerboote sahen. Wir wunderten uns darüber, dass die Heringe

schon soweit in dieses Gebiet gezogen waren und beschlossen
unsererseits in die Bucht zu fahren um nachzusehen ob die
Orcas den Heringen bis in die Bucht folgten.

Zunächst schnell, dann immer langsamer näherten wir uns
der Bucht bis plötzlich ein Orca direkt vor uns auftaucht.
Auf einmal waren sie überall. Rechts, links, vorne, hinten
und vor allem unter uns tummelten sich unzählige Orcas,
die scheinbar nur darauf gewartet hatten gefilmt zu werden. Sehr schnell ließen wir die Kamera in das Wasser
gleiten und drückten die Aufnahmetaste. Immer wieder
schwammen die Orcas an der Kamera vorbei und ließen
uns hoffen am Abend wundervolle Aufnahmen auswerten
zu können. Glücklicherweise waren wir die ersten an der
Orcagruppe und durften ihm somit als erstes Boot folgen.
Immer wieder winkten die Orcas uns zu oder sprangen

aus dem Wasser und zogen dabei große Kreise denen wir folgten. Die Kreise führten uns von der Bucht, am Tysfjord vorbei bis zur Insel Barö und zurück. Nur selten gab es so gute Bedingungen um zu filmen wie an diesem Tag und da störte es uns auch nicht, dass sich immer mehr professionelle whale-whatcher an unser Heck heften um mit ihren Schiffen den Walen zu folgen. Es war schon interessant, dass es auf den großen Schiffen immer wieder Leute gab, insbesondere Kinder, die sich kaum für die spielenden oder ziehenden Wale interessieren, sondern nur zu uns sahen und beobachten wie wir zu dritt in der winzigen Nussschale mit irgendeiner Spezialausrüstung durch die Fjorde pflügten.

Erst als es zu dämmern begann holten wir die Kamera ein letztes Mal ins Boot um sie sicher für den Rückweg zu verstauen. Wir waren glücklich über die vielen schönen Aufnahmen, die wir am Abend ansehen wollten und genossen um 14.00 Uhr die Landschaft in der untergehenden Sonne. Während wir zurückfuhren begann es immer welliger zu werden und wir freuten uns, dass wir nicht gegen sondern mit der Welle fahren konnten. Die Fahrt war sehr schön und wir steuerten direkt auf Vesterhal zu. Direkt vor den Klippen Vesterhals sahen wir Orcas, die direkt auf uns zukamen.

Obwohl keiner von uns wusste, ob das Licht noch zum Filmen reichen würde änderten wir sofort den Kurs um direkt auf die Orcas zuzufahren. Unser Kurs führte uns aus dem 625 Meter tiefen Wasser in 250 Meter tiefes Wasser als wir die Kamera in das dunkle, kalte Wasser der Arktis hinab ließen. Die Kamera war gerade einsatz-

bereit, da näherten sich die Orcas so weit, dass ich rief:"
Aufnahme schnell, Aufnahmen, die Rammen uns, so dicht
kriegen wir sie nie wieder!". Jan drückte sofort die Aufnahmetaste. „Mist der Akku ist alle, wir haben kein Bild!
Gib mir den anderen Monitor!" rief er mir zu und ich
begann sofort in der Tasche nach dem zweiten Monitor
zu suchen.

Es dauerte nur Sekunden bis er an das Kabel angeschlos-
sen war und Jan erneut die Taste drückte. „Wieder dunkel, sofort die
Kamera ins Boot", rief er knapp und begann erst langsam, dann immer schneller mit dem einholen des dreißig
Meter langen Kabels.

Völlig erschüttert hielt er das offene Ende des Kabels in
der Hand und sagte:" Sie ist weg, - wir fahren nach
Hause, - sie ist weg!" Ich setzte sofort eine Marke auf
dem GPS-Gerät um die Position später in die Seekarte

übertragen zu können. Danach saßen wir einige Zeit stumm an Bord und dachten über die Situation nach be-

vor wir die Reste der Ausrüstung sicherten und zurückfuhren. Schweigend fuhren wir mit der untergehenden Sonne im Rücken durch die unzähligen Inseln nach Offersoy.

Erst in der Hütte begutachteten wir das Kabelende und stellten fest, dass die Kamera durch einen gewaltigen Ruck abgerissen wurde und der als absolut zugfest geltende Stecker zerrissen worden war. Jan rief den Produzenten an und informierte ihn über die Vorkommnisse. Anschließend teilte er uns mit, dass wir wahrscheinlich schon am nächsten Morgen nach Hause fliegen werden. Es dauerte lange, bis wir realisierten, dass die Expedition so schnell zu Ende war und wir damit begannen uns über die Abreise zu unterhalten.

Dreißig Minuten später waren wir auf dem Weg zum Rorbur in dem die andere Gruppe wohnte. Kurz bevor wir den

Rorbur erreichten, sahen wir den Finmaster, der nach einer Angeltour am Steg festmachte.
Noch bevor wir sprechen konnten erzählte uns der Käpt´n
von seinem Missgeschick. „Es ist schlimm, wirklich
schlimm was mir passiert ist. Seht sie an...", waren seine
Worte als er uns die abgebrochene Angelrute vor die Augen
hielt. „Handgeflochtene Sehne und eine Super Rute... Der
Blinker ist weg, die Sehne gerissen und die Rute gebro-
chen... Muss ein riesiger Fisch gewesen sein...", klagte er
uns sein Leid bevor wir ihm von unserem Missgeschick
berichten konnten. Der Finnmaster lag beim Angeln nahe
der Stelle, an der wir unsere Kamera verloren hatten. Hatte
sich im Fjord ein neues Bermuda Dreieck aufgetan, das
alles was dort ins Wasser gelassen wurde schluckte, oder
war es doch ein feindliches U-Boot, so witzelten wir ein
wenig rum und bekamen wieder neuen Elan irgendetwas
Sinnvolles zu unternehmen.
Jeder, der von unserem Missgeschick hörte war bestürzt.
Taucher boten uns Hilfe bei der Suche nach der Kamera
an, Angler wollten uns
mit Fischfilets trösten und der Käpt`n vom Finmaster ent-
wickelte einen verwegenen Plan. „Untiefen, - viele Untiefen sind da draußen, die nicht auf den Karten verzeichnet
sind. Sollte die Kamera auf einer solchen Untiefe liegen,
können wir sie bergen. Einen Versuch ist es wert", sagte
er und sah uns erwartungsvoll an.

Petra, Jan und ich sahen uns genauso schweigend an und
nicken dem Käpt´n zu. Es dauerte fünfzehn Minuten ehe es
gelang den Track den wir gefahren sind, aus dem Speicher
des GPS- Gerätes auszulesen. „Na denn los", sagte der
Käpt´n bevor er zusammen mit seiner Bootsbesatzung und

41

uns zum Finnmaster ging. Es war bereits absolut dunkel als wir ablegten um dann vorsichtig, allein mit der Intrumentennavigation, durch die unzähligen Inseln, Klippen und Riffe auf den offenen Fjord zu fahren.

Gespenstisch fluteten die Scheinwerfer der arbeitenden Fischer zu uns hinüber als wir uns der Unglücksstelle näherten. Eine Linie auf dem Display markierte unseren alten Kurs, ein Kreuz die aktuelle Position. Auf dem Kartenschreiber sahen wir unsere Position zu den Inseln, das Radar warnte vor Überwasserhindernissen und der Fischfinder zeigte die aktuelle Tiefe an. Ständig verglichen wir die eingehenden Daten mit den Werten auf der gedruckten Seekarte. Langsam näherte sich das Kreuz der Marke, die ich beim Verlust der Kamera gesetzt hatte. Langsam stieg in dem engen, feuchten und vor allem nur durch die Displays und eine kleine Kopflampe erleuchteten Steuerhaus die Spannung. „Wir sind da", sage ich als das Kreuze die Marke traf. Langsam fuhren wir den alten Kurs rückwärts ab. Ständig beobachteten wir die Tiefenanzeige die sich langsam von der 130 Meter Linie bis auf 250 Meter.

Meter änderte. „Leider ist hier keine Untiefe und da vorn ist es 625 Meter tief", sagte der Käpt´n nachdem wir noch einige Zeit in der Gegend gekreist sind.

Wir brachen die Suche ab und fuhren zurück nach Offersoy.

Bevor wir in unsere Hütte zurück gingen bedanken wir uns noch für die Hilfe und verabschiedeten uns von der Gruppe aus dem Rohbur.

„Habt ihr schon zur Uhr gesehen, es ist halb zehn", sagte ich und fügte hinzu: "Wollen wir nicht das Resteessen beginnen?" Petra und Jan nicken.

Bis weit nach Mitternacht saßen wir zusammen, aßen ein überaus reichhaltiges Mal tranken die mitgebrachte Flasche halbtrockenen Rotwein, philosophierten darüber was wäre wenn und versuchten das Geschehen zu verdrängen.

1. November

Wir schliefen lange bevor wir aufstanden um zu Frühstücken. Während des Frühstücks klingelte das Telefon und uns wurde gesagt, dass wir eine halbe Stunde später abgeholt werden würden. Wehmütig packten wir unsere Sachen und riefen im Rohbur an um zu sagen, dass die Gruppe unsere Lebensmittel übernehmen konnte.

Wir hatten gerade gepackt, als Anfing vor der Tür stand um uns abzuholen und mit dem Auto zum Flughafen zu bringen. Die Fahrt dauerte fast zwei Stunden. Zwei Stunden in denen wir kaum ein Wort sprachen.

Jeder von uns dachte an die Kamera, die kleine Kamera von der der Käpt'n des Finmaster sagte: „Da liegt sie nun, die kleine hilflose Kamera. Mit letzter Kraft hat sie es geschafft sich auf die Felsen zu retten und ruft: Ich bin noch so klein… Holt mich doch ab…"

7. November

Wir hatten gerade ein Gespräch mit dem Produzenten. „2006 wird es eine weitere Expedition in die Arktis geben. Wieder werden Orcas gefilmt und wieder kommt eine ähnliche Kamera zum Einsatz und wer weiß? Vielleicht findet ein Fischer das kleine silbern glänzende Gehäuse und gibt es uns mit wundervollen Aufnahmen von spielenden Orcas zurück. Dann, und erst dann wird die kleine Kamera ganz groß sein.

So endete die Expedition ins Nordpolarmeer...

Norwegeninfos

Norwegen ist ein Schengen-Land. Für die Einreise ist deshalb nur der Personalausweis erforderlich. Kinder benötigen einen Kinderausweis mit Bild.

Adressen für nähere Informationen:

Königliche Norwegische Botschaft
Rauchstr. 1
10787 Berlin
Telefon: +49 30 50 50 50
Fax: +49 30 50 50 55
Internet: www.norwegen.no
E-Mail: emb.berlin@mfa.no

Norwegisches Fremdenverkehrsamt
Innovation Nora
Postfach 113317
20433 Hamburg
Telefon: +49 40 22 94 150
Fax: +49 40 22 94 1588
Internet: www.visitnorway.com
Email: germany@invanor.no

Über die veterinärrechtlichen Vorschriften Norwegens informiert die „Königliche Norwegische Botschaft" in Berlin.

Währung: Norwegische Kronen (NOK). Obwohl der Kurs immer ein wenig schwankt, kann man mit einem Kurs von 1 zu 8,5 rechnen.

Straßenverkehr:

In Norwegen sind viele Straßen mautpflichtig.
Auf den Straßen, Brücken und Tunneln wird so viel Maut erhoben, dass diese in einer bestimmten Zeit abgezahlt sind. Die Gebühren richten sich deshalb nach dem Aufwand beim Bau der Strecke.
Sind die Kosten für den Bau eingenommen, werden die Strecken häufig Maut frei.
Die Maut kann an einigen Stellen sofort in bar gezahlt werden. Oft sind die dafür notwendigen Automaten jedoch abgebaut und durch elektronische Systeme ersetzt.
Die Maut für die Strecken kann dann oft im Nachhinein an der nächsten Tankstelle gezahlt werden.
Besser ist es mit einem Transponder zu reisen.
Dem „Auto pass" System.
Der Transponder wird an der Windschutzscheibe befestigt, und übermittelt die Daten an einer der vielen Mautgesellschaften. Die Gebühren werden unkompliziert und bargeldlos eingezogen. Nach der Reise erhält man dann eine genaue Abrechnung.
Da die Mautstationen Kameraüberwacht sind, ist es nicht möglich die Stationen unerkannt zu passieren.
Beim „prellen" der Maut werden über ein englisches Inkassobüro die erheblich höheren Kosten eingetrieben.
Alternativ zu den vielen Mautstraßen können auch die kostenpflichtigen Fähren genommen werden.

Verkehrsverstöße werden in Norwegen wesentlich härter bestraft als in Deutschland.

Bei Autopannen kann man folgende Notrufnummern wählen:
Feuerwehr: 110
Polizei: 112
Notarzt: 113

Es gilt die 0,2 Promille Grenze

Geschwindigkeiten:
Außerorts: 80
Innerorts: 50
Ausnahmen sind durch Schilder kenntlich gemacht.

Es muss auch am Tage mit Licht gefahren werden.
Es gilt die Anschnallpflicht

Telefonieren am Steuer ist verboten.

Es muss eine Warnweste im PKW vorhanden sein

Hinweis für Wohnmobilisten:

In Norwegen kann an fast jeder Tankstelle Trinkwasser genommen werden. Es ist in der Regel kostenfrei. Es ist jedoch empfehlenswert sich für die Wasserentnahme dankbar zu zeigen.

An fast allen Straßen gibt es öffentliche Toiletten. Diese sind in der Regel gebührenfrei. Oft sind dort auch Waschanlagen zu finden.
Diesen kostenlosen Service sollte man zu würdigen wissen. Liegengelassener Müll, Randale und andere Widrigkeiten, können dazu führen, dass dieser Service kostenpflichtig, oder ganz abgeschafft wird.

Mitnahme von Alkohol aus Deutschland

Bei der Einreise können Sie bis zu einem Wert von 6.000 NOK folgende alkoholische Getränke zollfrei einführen:

1 Liter mit einem Alkoholgehalt von 22 bis 60 Prozent und 1,5 Liter mit einem Alkoholgehalt von 2,5 bis 22 Prozent; oder 3 Liter mit einem Alkoholgehalt von 2.5 Prozent bis zu 22 Prozent

2 Liter Bier mit einem Alkoholgehalt über 2,5 Prozent oder andere Getränke über 2.5 Prozent bis zu 4,7 Prozent Alkoholgehalt.

Mitnahme von Kartoffeln etc.: Verboten

Über die aktuellen Zoll- und Einreisebestimmungen kann man sich bei den vorn genannten Adressen informieren.

Jedermannsrecht:

Man kann sich in Norwegen überall in der Natur frei bewegen. Ausnahmen sind ausgeschildert.

Das gilt nicht für Autotouristen. Es ist verboten ohne Genehmigung des Besitzers, landwirtschaftliche Nutzflächen zu betreten. Man muss sich überall vorsichtig fortbewegen, so dass weder die Natur noch das Eigentum Schaden nehmen. Es muss Rücksicht auf Tiere und Personen genommen werden, die sich in dem Gebiet befinden.

Dafür gibt es ein paar Regeln:
Sich nie dort aufhalten, wo es verboten ist, Naturschutzgebiete respektieren
Sich entfernen, wenn der Besitzer es wünscht
Beim Zelten, etc. einen Abstand zu Häusern und Hütten wahren   (mindestens   150   Meter)
Keinen Müll liegen lassen etc.

Zelten
Man darf in der Wildmark bis zu zwei Tagen zelten.

Boot
Man darf sich frei mit dem Boot auf allen fahrbaren Gewässern bewegen und das Boot auch an Land ziehen, oder für eine kurze Weile am Ufer festmachen.

Schwimmen
Man darf überall mit einem Abstand von 150m zu Häusern, schwimmen.

Beerenpflücken

Sie dürfen gepflückt werden, wenn sie gleich gegessen werden.

Feuer

Im Zeitraum 15. April bis 15. September ist das Entfachen von Feuern im Wald verboten

Fischen

Meeresfische dürfen ohne Schein geangelt werden.
Kinder dürfen auch im Süßwasser ohne Schein angeln.
Erwachsene benötigen zum Fischen im Süßwasser eine kostenpflichtige Genehmigung

Essen:

Das „Essengehen" ist sehr teuer. Es ist sinnvoller sich selbst zu verpflegen. Dabei ist es sinnvoll sich auf die Grundnahrungsmittel zu konzentrieren. So kostet ein Brötchen z.T. genau so viel, wie ein ganzes Brot. Das Brot ist als Grundnahrungsmittel subventioniert. Dieses Beispiel trifft auf fast alle Nahrungsmittel zu.

Viel Spaß in Norwegen... man sieht sich vielleicht am Fjord...

Lightning Source UK Ltd.
Milton Keynes UK
UKHW021054110119
335297UK00013B/1787/P